Impressum
Verlag: BABADADA GmbH, Nedderfeld 112 , 22529 Hamburg
Geschäftsführer / Verlagsleitung: Harald Hof
Druck: Books on Demand GmbH, In de Tarpen 42, 22848 Norderstedt

Imprint
Publisher: BABADADA GmbH, Nedderfeld 112 , 22529 Hamburg, Germany
Managing Director / Publishing direction: Harald Hof
Print: Books on Demand GmbH, In de Tarpen 42, 22848 Norderstedt

Klassenzimmer
classe

dividieren
dividir

186/2

Tafel
tauler

Schulhof
pati (de l'escola)

Lehrer
professor

Papier
paper

schreiben
escriure

Stift
estilogràfica

Schreibtisch
escriptori

Lineal
regle

Buch
llibre

Schüler
estudiant

Schultasche

bossa

Federmappe

estoig

Bleistift

llapis

Bleistiftspitzer

maquineta de fer punta

Radierer

goma

Zeichenblock

bloc de dibuix

Zeichnung

dibuix

Pinsel

pinzell

Malkasten

capsa de pintures

Schere

tisores

Klebstoff

cola

Übungsheft

quadern d'exercicis

Hausübung

deures

12

Zahl

nombre

2+2

addieren

afegir

5-2

subtrahieren

sostreure

2×2

multiplizieren

multiplicar

rechnen

calcular

A

Buchstabe

lletra

**ABCDEFG
HIJKLMN
OPQRSTU
VWXYZ**

Alphabet

alfabet

hello

Wort

mot

Text

text

lesen

llegir

Kreide

guix

Unterrichtsstunde

lliçó

Klassenbuch

llibre de classe

Prüfung

examen

Zeugnis

certificat

Schuluniform

uniforme escolar

Ausbildung

formació

Lexikon

enciclopèdia

Universität

universitat

Mikroskop

microscopi

Karte

mapa

Papierkorb

paperera

Hotel
hotel

Grand

Herberge
alberg

ROOMS

Wechselstube
oficina de canvi

EXCHANGE

Koffer
maleta

Auto
automòbil

Sprache

llengua

ja / nein

sí / no

Okay

D'acord

Hallo

Ey!

Dolmetscherin

traductora

Danke

gràcies

Wie viel kostet ...?

Quant costa... ?

Ich verstehe nicht.

No entenc

Problem

problema

Guten Abend!

Bona nit!

Guten Morgen!

bon dia!

Gute Nacht!

bona nit!

Auf Wiederschaun!

fins aviat

Richtung

direcció

Gepäck

bagatge

Tasche

bossa

Rucksack

sarrona

Gast

convidat

Zimmer

cambra

Schlafsack

sac de dormir

Zelt

tenda

Touristeninformation

oficina de turisme

Strand

platja

Kreditkarte

carta de crèdit

Frühstück

esmorzar

Mittagessen

dinar

Abendessen

sopar

Fahrkarte

bitllet

Lift

ascensor

Briefmarke

segell

Grenze

frontera

Zoll

duana

Botschaft

ambaixada

Visum

visat

Pass

passaport

Flugzeug
vol

Schiff
vaixell

Feuerwehrauto
automòbil dels bombers

Lastwagen
camió

Bus
bus

Motorboot
llanxa de motor

Fahrrad
bicicleta

Auto
automòbil

Fähre

transbordador

Boot

barca

Motorrad

moto

Polizeiauto

automòbil de policia

Rennauto

automòbil de curses

Mietwagen

automòbil de lloguer

Carsharing

vehicle compartit

Abschleppwagen

grua

Müllwagen

camió de les escombraries

Motor

motor

Kraftstoff

benzina

Tankstelle

benzineria

Verkehrsschild

senyal de trànsit

Verkehr

trànsit

Stau

embús

Parkplatz

aparcament

Bahnhof

estació de trens

Schienen

vies

Zug

tren

Straßenbahn

tramvia

Wagon

vagó

Hubschrauber

helicòpter

Flughafen

aeroport

Tower

torre

Passagier

passatger

Container

contenidor

Karton

capsa de cartó

Rollwagen

carretó

Korb

cistella

starten / landen

enlairar-se / aterrar

Stadt

ciutat

Dorf

poble

Stadtzentrum

centre de la ciutat

Haus

casa

Kino
cinema

Werbung
anunci

Straßenlaterne
fanal

Straße
carrer

Taxi
taxista

Kiosk
quiosc

Fußgänger
pedestre

Gehsteig
vorera

Zebrastreifen
pas de zebra

Mülltonne
alleda d'escombraries

Kreuzung
encreuament

Ampel
semàfor

Hütte

cabana

Wohnung

apartament

Bahnhof

estació de trens

Rathaus

casa de la vila-ciutat

Museum

museu

Schule

escola

Universität

universitat

Bank

banca

Spital

hospital

Hotel

hotel

Apotheke

farmàcia

Büro

oficina

Buchhandlung

llibreria

Geschäft

botiga

Blumenladen

floristeria

Supermarkt

supermercat

Markt

mercat

Kaufhaus

gran magatzem

Fischhändler

peixateria

Einkaufszentrum

centre comercial

Hafen

port

Park

parc

Bank

banc

Brücke

pont

Stiege

escala

U-Bahn

metro

Tunnel

túnel

Bushaltestelle

parada d'autobús

Bar

bar

Restaurant

restaurant

Briefkasten

bústia de correu

Straßenschild

senyal indicador

Parkuhr

parquímetre

Zoo

zoo

Badeanstalt

piscina

Moschee

mesquita

Bauernhof

granja

Umweltverschmutzung

pol·lució

Friedhof

cementiri

Kirche

església

Spielplatz

parc infantil

Tempel

temple

Landschaft

paisatge

Blatt
fulla

Wegweiser
cartell indicador

Weg
camí

Wiese
prat

Stein
pedra

Baum
arbre

Wanderer
excursionista

Fluss
riu

Gras
gespa

Blume
flor

Tal
vall

Hügel
muntanya

See
llac

Wald
bosc

Wüste
desert

Vulkan
volcà

Schloss
castell

Regenbogen
arc de Sant Martí

Pilz
bolet

Palme
palmera

Moskito
moscard

Fliege
mosca

Ameise
formiga

Biene
abella

Spinne
aranya

Käfer

escarabat

Frosch

granota

Eichhörnchen

esquirol

Igel

eriçó

Hase

llebre

Eule

òliba

Vogel

ocell

Schwan

cigne

Wildschwein

senglar

Hirsch

cervo

Elch

ant

Staudamm

presa

Windrad

turbina

Solarmodul

panell solar

Klima

clima

Kellner
cambrer

Speisekarte
menú

Sessel
cadira

Suppe
sopa

Pizza
pizza

Besteck
coberts

Tischdecke
tovalla

Vorspeise

primer plat

Hauptgericht

plat principal

Nachspeise

darreries

Getränke

begudes

Essen

menjar

Flasche

ampolla

Fastfood

menjar ràpid

Streetfood

menjar de carrer

Teekanne

tetera

Zuckerdose

sucrer

Portion

porció

Espressomaschine

màquina d'espresso

Kinderstuhl

trona

Rechnung

factura

Tablett

plata

Messer

ganivet

Gabel

forqueta

Löffel

cullera

Teelöffel

cullereta

Serviette

tovalló

Glas

got

Teller

plat

Suppenteller

plat de sopa

Untertasse

plateret

Sauce

salsa

Salzstreuer

saler

Pfeffermühle

molinet de pebre

Essig

vinagre

Öl

oli

Gewürze

espècies

Ketchup

quètxup

Senf

mostassa

Mayonnaise

maionesa

Angebot
oferta especial

Kunde
client

Milchprodukte
productes lactis

Obst
fruites

Einkaufswagen
carret de la compra

FOR

Schlachterei

carnisseria

Bäckerei

forn de pa

wiegen

pesar

Gemüse

verdures

Fleisch

carn

Tiefkühlkost

menjar congelat

Aufschnitt

carn freda

Konserven

conserves

Waschmittel

detergent en pols

Süßigkeiten

dolços

Haushaltsartikel

articles domèstics

Reinigungsmittel

productes de neteja

Verkäuferin

venedora

Kassa

caixa registradora

Kassiererin

caixera

Einkaufsliste

llista de la compra

Öffnungszeiten

horari d'obertura

Brieftasche

portamonedes

Kreditkarte

carta de crèdit

Tasche

bossa

Plastiktüte

bossa de plàstic

Wasser

aigua

Saft

suc

Milch

llet

Cola

coca-cola

Wein

vi

Bier

cervesa

Alkohol

alcohol

Kakao

cacau

Tee

te

Kaffee

cafè

Espresso

espresso

Cappuccino

cappuccino

Banane

banana

Apfel

poma

Orange

taronja

Melone

síndria

Zitrone

llimona

Karotte

pastanaga

Knoblauch

all

Bambus

bambú

Zwiebel

ceba

Pilz

bolet

Nüsse

avellanes

Nudeln

fideus

Spaghetti

espaguetis

Reis

arròs

Salat

amanida

Pommes frites

patates fregides

Bratkartoffeln

patates fregides

Pizza

pizza

Hamburger

hamburguesa

Sandwich

entrepà

Schnitzel

escalopa

Schinken

cuixot

Salami

salami

Wurst

salsitxa

Huhn

pollastre

Braten

rostit

Fisch

peix

Haferflocken

flocs de civada

Müsli

musli

Cornflakes

cereals

Mehl

farina

Croissant

croissant

Semmel

panet

Brot

pa

Toast

torrada

Kekse

bescuits

Butter

mantega

Topfen

mató

Kuchen

pastís

Ei

ou

Spiegelei

ou fregit

Käse

formatge

Eiscreme

gelat

Zucker

sucre

Honig

mel

Marmelade

melmelada

Schokoladenaufstrich

crema de xocolata

Curry

curri

Bauernhaus
granja

Scheune
graner

Strohballen
bala de palla

Feld
camp

Pferd
cavall

Anhänger
remolc

Fohlen
poltre

Traktor
tractor

Esel
ase

Lamm
xai

Schaf
ovella

Ziege

cabra

Kuh

vaca

Kalb

vedella

Schwein

porc

Ferkel

garrí

Stier

bou

Gans

oca

Ente

ànec

Küken

poll

Huhn

gall

Hahn

gallina

Ratte

rata

Katze

gat

Maus

ratolí

Ochse

bou

Hund

gos

Hundehütte

gossera

Gartenschlauch

mànega de regar

Gießkanne

regadora

Sense

dalla

Pflug

arada

Sichel

falç

Hacke

aixada

Mistgabel

forca

Axt

destral

Schubkarre

carretó

Trog

abeurador

Milchkanne

lletera

Sack

sac

Zaun

tanca

Stall

establa

Treibhaus

hivernacle

Boden

sòl

Saat

llavor

Dünger

adob

Mähdrescher

collidora

ernten

collir

Ernte

collita

Yamswurzel

nyam

Weizen

blat

Soja

soja

Erdapfel

patata

Mais

blat de moro o d'indi

Raps

colza

Obstbaum

arbre fruiter

Maniok

mandioca

Getreide

cereals

Schornstein
fumera

Dach
teulada

Regenrinne
canaló

Fenster
finestra

Garage
garatge

Klingel
campana

Tür
porta

Abfallkübel
galleda de les escombraries

Briefkasten
bústia de correu

Garten
jardí

Wohnzimmer

sala d'estar

Badezimmer

bany

Küche

cuina

Schlafzimmer

cambra de dormir

Kinderzimmer

cambra de nen

Esszimmer

menjador

Boden

sòl

Wand

paret

Decke

sostre

Keller

soterrani

Sauna

sauna

Balkon

balcó

Terrasse

terrassa

Schwimmbad

piscina

Rasenmäher

tallagespa

Bettbezug

vànova

Bettdecke

cobrellit

Bett

llit

Besen

escombra

Kübel

galleda

Schalter

interruptor

Tapete
paper de paret

Bild
quadre

Lampe
làmpada

Regal
prestatge

Schrank
armari

Fernseher
televisor

Kamin
escalfapanxes

Blume
flor

Polster
coixí

Vase
gerro

Sofa
sofà

Fernbedienung
telecomanda

Teppich
catifa

Vorhang
cortina

Tisch
taula

Sessel
cadira

Schaukelstuhl
cadira gronxadora

Sessel
cadiral

Buch

llibre

Decke

llençol

Dekoration

decoració

Feuerholz

llenya

Film

film

Stereoanlage

cadena de música

Schlüssel

clau

Zeitung

diari

Gemälde

pintura

Poster

cartell

Radio

ràdio

Notizblock

bloc de notes

Staubsauger

aspiradora

Kaktus

cactus

Kerze

candela

Kühlschrank
refrigerador

Mikrowelle
microones

Küchenwaage
balança de cuina

Toaster
torradora

Reinigungsmittel
detergent per a plats

Backofen
forn

Gefrierfach
congelador

Abfallkübel
galleda de les escombraries

Geschirrspüler
rentaplats

Herd
cuina de fogons

Topf
olla

Eisentopf
olla de ferro colat

Wok / Kadai
wok / karahi

Pfanne
paella

Wasserkocher
bullidor

Dampfgarer

olla de vapor

Backblech

plata de forn

Geschirr

vaixella

Becher

tassa grossa

Schale

bol

Essstäbchen

bastonets xinesos

Schöpflöffel

culler

Pfannenwender

espàtula

Schneebesen

batedor

Kochsieb

colador

Sieb

sedàs

Reibe

ratllador

Mörser

morter

Grill

barbacoa

Kaminfeuer

foc a terra

Schneidebrett

taula de tallar

Nudelholz

corró

Korkenzieher

llevataps

Dose

pot de conserva

Dosenöffner

obridor

Topflappen

agafador

Waschbecken

aigüera

Bürste

raspall

Schwamm

esponja

Mixer

batedora

Gefriertruhe

congelador

Babyflasche

biberó

Wasserhahn

aixeta

Badezimmer

bany

Heizung
calefacció

Dusche
dutxa

Handtuch
tovallola

Duschvorhang
cortina de dutxa

Schaumbad
bany de bombolles

Badewanne
banyera

Glas
got

Waschmaschine
rentadora

Wasserhahn
aixeta

Fliesen
rajoles

Nachttopf
orinal

Waschbecken
aigüera

Klo	Hocktoilette	Bidet
lavabo	lavabo turc	bidet

Pissoir	Klopapier	Klobürste
orinador	paper higiènic	escombreta de sanitari

Zahnbürste

raspall de dents

Zahnpasta

pasta de dents

Zahnseide

fil dental

waschen

rentar

Handbrause

pom de dutxa

Intimdusche

dutxa íntima

Waschschüssel

rentamans

Rückenbürste

raspall per a l'esquena

Seife

sabó

Duschgel

gel de dutxa

Shampoo

xampú

Waschlappen

manyopla de bany

Abfluss

bonera

Creme

crema

Deodorant

desodorant

Spiegel

mirall

Kosmetikspiegel

mirall-espill de mà

Rasierer

maquineta de rasar

Rasierschaum

espuma de barbejar

Rasierwasser

loció post-rasada

Kamm

pinta

Bürste

raspall

Föhn

eixugador

Haarspray

laca

Makeup

maquillatge

Lippenstift

pintallavis

Nagellack

esmalt d'ungles

Watte

cotó

Nagelschere

tallaungles

Parfum

perfum

Kulturbeutel

estoig de bellesa

Hocker

tamboret

Waage

bàscula

Bademantel

barnús

Gummihandschuhe

guants de goma

Tampon

compresa higiènica

Damenbinde

compresa

Chemietoilette

sanitari químic

Wecker
despertador

Kuscheltier
animal de peluix

Spielzeugauto
auto de joguina

Rassel
sonall

Puppenhaus
casa de nines

Geschenk
present

Ballon

baló

Bett

llit

Kinderwagen

cotxet per a nens

Kartenspiel

joc de cartes

Puzzle

trencaclosca

Comic

historieta

Legosteine

peces de lego

Bausteine

peces de construcció

Actionfigur

ninot d'acció

Strampelanzug

granota

Frisbee

frisbee

Mobile

mòbil per a bressol

Brettspiel

joc de taula

Würfel

daus

Modelleisenbahn

tren elèctric

Schnuller

xumet

Party

festa

Bilderbuch

llibre de dibuixos

Ball

pilota

Puppe

nina

spielen

jugar

Kinderzimmer - cambra de nen

Sandkasten
sorrera

Schaukel
gronxador

Spielzeug
joguines

Spielkonsole
consola de jocs de vídeo

Dreirad
tricicle

Teddy
osset de peluix

Kleiderschrank
armari

Kleidung
roba

Socken
mitjons

Strümpfe
mitges

Strumpfhose
mitja pantaló

Schal
tapacoll

Regenschirm
paraigua

Gürtel
cintura

T-Shirt
camiseta

Turnschuhe
sabates d'esport

Stiefel
botes

Hausschuhe
plantofes

Sandalen
....
sandàlies

Schuhe
....
sabates

Gummistiefel
....
botes de goma

Unterhose
....
calçonets

Büstenhalter
....
sostenidor

Unterhemd
....
guardapits

Body

jjustacòs

Hose

pantalons

Jeans

jeans

Rock

faldeta

Bluse

brusa

Hemd

camisa

Pullover

jersei

Kapuzenpullover

dessuadora

Blazer

blazer

Jacke

jaqueta

Mantel

mantell

Regenmantel

impermeable

Kostüm

vestit de dona

Kleid

vestit de dona

Hochzeitskleid

vestit de núvia

Anzug

vestit d'home

Nachthemd

camisa de dormir

Pyjama

pijama

Sari

sari

Kopftuch

mocador de cap

Turban

turbant

Burka

burca

Kaftan

caftan

Abaya

abaia

Badeanzug

vestit de bany

Badehose

calçon(et)s de bany

kurze Hose

pantalons curts

Jogginganzug

xandall

Schürze

davantal

Handschuhe

guants

Knopf

botó

Brille

ulleres

Armband

braçalet

Halskette

collaret

Ring

anell

Ohrring

orellera

Mütze

casquet

Kleiderbügel

penjador

Hut

capell

Krawatte

corbata

Reißverschluss

cremallera

Helm

casc

Hosenträger

elàstics

Schuluniform

uniforme escolar

Uniform

uniforme

Lätzchen
....
pitet

Schnuller
....
xumet

Windel
....
bolquer

Büro
oficina

Server
servidor

Aktenschrank
armari arxivador

Drucker
impressora

Papier
paper

Monitor
monitor

Maus
ratolí

Schreibtisch
escriptori

Ordner
arxivador

Tastatur
teclat

Sessel
cadira

Papierkorb
paperera

Computer
ordinador

Kaffeebecher
....
tassa de cafè

Taschenrechner
....
calculadora

Internet
....
Internet

Laptop

ordinador portàtil

Brief

lletra

Nachricht

missatge

Handy

mòbil

Netzwerk

xarxa

Kopierer

fotocopiadora

Software

programari

Telefon

telèfon

Steckdose

presa de corrent

Fax

fax

Formular

formulari

Dokument

document

kaufen

comprar

bezahlen

pagar

handeln

comerciar

Geld

diners

Dollar

dòlar

Euro

euro

Yen

ien

Rubel

ruble

Franken

franc suís

Renminbi Yuan

renminbi

Rupie

rupia

Bankomat

caixa automàtica

Wechselstube

oficina de canvi

Gold

or

Silber

argent

Öl

petroli

Energie

energia

Preis

preu

Vertrag

contracte

Steuer

impost

Aktie

acció

arbeiten

treballar

Angestellte

treballador

Arbeitgeber

empresari

Fabrik

fàbrica

Geschäft

botiga

Polizist
oficial de policia

Feuerwehrmann
bomber

Koch
cuiner

Ärztin
doctora

Pilot
pilot

Gärtner

jardiner

Tischler

fuster

Schneiderin

costurera

Richter

jutge

Chemikerin

química

Schauspieler

actor

Busfahrer

conductor d'autobús

Taxifahrer

taxista

Fischer

pescador

Putzfrau

dona de la neteja

Dachdecker

ensostrador

Kellner

cambrer

Jäger

caçador

Maler

pintor

Bäcker

forner

Elektriker

electricista

Bauarbeiter

obrer de la construcció

Ingenieur

enginyer

Schlachter

carnisser

Installateur

llanterner

Briefträgerin

correu

Soldat

soldat

Architekt

arquitecte

Kassiererin

caixera

Blumenhändlerin

florista

Friseur

perruquer

Schaffner

revisor

Mechaniker

mecànic

Kapitän

capità

Zahnärztin

dentista

Wissenschaftler

científic

Rabbi

rabí

Imam

imam

Mönch

monjo

Pfarrer

capellà

Hammer
martell

Zange
tenalles

Schraubenzieher
descaragolador

Schraubenschlüssel
clau anglesa

Taschenlampe
llanterna

Bagger

excavadora

Werkzeugkasten

caixa d'eines

Leiter

escala

Säge

serra

Nägel

claus

Bohrer

trepant

reparieren

reparar

Schaufel

pala

Scheiße!

Maleït siga!

Kehrschaufel

pala

Farbtopf

pot de pintura

Schrauben

caragols

Musikinstrumente
instrument de música

Schlagzeug
bateria

Lautsprecher
altaveu

Gitarre
guitarra

Kontrabass
contrabaix

Trompete
trompeta

Klavier

piano

Violine

violí

Bass

baix

Pauke

timbal

Trommeln

tambor

Tastatur

teclat

Saxophon

saxofon

Flöte

flauta

Mikrofon

micròfon

Tiger
tigre

Eingang
entrada

Käfig
gàbia

Zebra
zebra

Tierfutter
aliment per a animals

Panda
ós panda

Tiere

animals

Elefant

elefant

Känguru

cangurú

Nashorn

rinoceront

Gorilla

goril·la

Bär

ós

Kamel

camell

Strauß

estruç

Löwe

lleó

Affe

simi

Flamingo

flamenc

Papagei

papagai

Eisbär

ós polar

Pinguin

pingüí

Hai

ca mari

Pfau

paó

Schlange

serp

Krokodil

cocodril

Zoowärter

guardià del zoo

Robbe

foca

Jaguar

jaguar

Pony

poni

Leopard

lleopard

Nilpferd

hipopòtam

Giraffe

girafa

Adler

àliga

Wildschwein

senglar

Fisch

peix

Schildkröte

tortuga

Walross

morsa

Fuchs

guineu

Gazelle

gasela

American Football
futbol americà

Radfahren
ciclisme

Tennis
tenis

Basketball
bàsquet

Schwimmen
natació

Boxen
boxa

Eishockey
hoquei sobre gel

Fußball

futbol americà

Badminton

bàdminton

Leichtathletik

atletisme

Handball

handbol

Skifahren

esquí

Polo

polo

springen
saltar

umarmen
abraçar

lachen
riure

gehen
anar

singen
cantar

träumen
somiar

beten
pregar

küssen
fer un petó

schreiben

escriure

zeichnen

dibuixar

zeigen

mostrar

drücken

pitjar

geben

donar

nehmen

prendre

haben

tenir

machen

fer

sein

ésser

stehen

estar dret

laufen

córrer

ziehen

estirar

werfen

llançar

fallen

caure

liegen

jeure

warten

esperar

tragen

portar

sitzen

asseure's

anziehen

vestir-se

schlafen

dormir

aufwachen

despertar-se

ansehen

mirar

weinen

plorar

streicheln

amoixar

frisieren

pentinar

reden

parlar

verstehen

comprendre

fragen

demanar

hören

escoltar

trinken

beure

essen

menjar

zusammenräumen

endreçar

lieben

estimar

kochen

cuinar

fahren

conduir

fliegen

volar

segeln

navegar

rechnen

calcular

lesen

llegir

lernen

aprendre

arbeiten

treballar

heiraten

casar-se

nähen

cosir

Zähne putzen

raspallar-se les dents

töten

matar

rauchen

fumar

senden

enviar

Großmutter
àvia

Großvater
avi

Vater
pare

Mutter
mare

Baby
nadó

Tochter
filla

Sohn
fill

Gast

convidat

Tante

tia

Onkel

oncle

Bruder

germà

Schwester

germana

Stirn
front

Auge
ull

Schulter
espatlla

Finger
dit

Gesicht
cara

Kinn
barbeta

Hand
mà

Brust
pit

Bein
cama

Arm
braç

Baby
nadó

Mann
home

Frau
dona

Mädchen
noia

Junge
noi

Kopf
cap

Rücken

esquena

Bauch

panxa

Nabel

melic

Zeh

dit gros del peu

Ferse

taló

Knochen

os

Hüfte

maluc

Knie

genoll

Ellbogen

colze

Nase

nas

Gesäß

cul

Haut

pell

Wange

galta

Ohr

orella

Lippe

llavi

Mund

boca

Zahn

dent

Zunge

llengua

Gehirn

cervell

Herz

cor

Muskel

múscul

Lunge

pulmó

Leber

fetge

Magen

estómac

Nieren

ronyó

Geschlechtsverkehr

relació sexual

Kondom

preservatiu

Eizelle

ovari

Sperma

semen

Schwangerschaft

prenyat

Menstruation

menstruació

Vagina

vagina

Penis

penis

Augenbraue

cella

Haar

cabells

Hals

coll

Spital
hospital

Rettung
ambulància

Rollstuhl
cadira de rodes

Bruch
fractura

Ärztin

doctora

Notaufnahme

sala d'urgències

Krankenschwester

infermera

Notfall

urgència

ohnmächtig

inconscient

Schmerz

dolor

Verletzung

ferida

Blutung

sagnament

Herzinfarkt

atac de cor

Schlaganfall

apoplexia

Allergie

al·lèrgia

Husten

tos

Fieber

febre

Grippe

gripa

Durchfall

diarrea

Kopfschmerzen

mal de cap

Krebs

càncer

Diabetes

diabetis

Chirurg

cirurgià

Skalpell

escalpel

Operation

operació

CT

tomografia computada (TC),
TAC

Röntgen

raigs x

Ultraschall

ultrasò

Maske

mascareta

Krankheit

malaltia

Wartezimmer

sala d'espera

Krücke

crossa

Pflaster

tireta

Verband

embenat

Injektion

injecció

Stethoskop

estetoscopi

Trage

llitera

Thermometer

termòmetre clínic

Geburt

pariment

Übergewicht

sobrepès

Hörgerät

aparell auditiu

Desinfektionsmittel

desinfectant

Infektion

infecció

Virus

virus

HIV / AIDS

VIH / SIDA

Medizin

medicina

Impfung

vaccí

Tabletten

comprimits

Pille

píl·lola

Notruf

trucada d'urgència

Blutdruckmesser

tensiòmetre

krank / gesund

malalt / sà

Alarm

alarma

Überfall

assalt

Hilfe!

Socors!

Gefahr

perill

Notausgang

sortida-eixida d'urgència

Angriff

atac

Feuerlöscher

extintor

Unfall

accident

Feuer!

Foc!

Erste-Hilfe-Koffer

farmaciola de primers auxilis

SOS

SOS

Polizei

policia

Europa

Europa

Nordamerika

Amèrica del Nord

Südamerika

Amèrica del Sud

Afrika

Àfrica

Asien

Àsia

Australien

Austràlia

Atlantik

Atlàntic

Pazifik

Pacific

Indische Ozean

Oceà Índic

Antarktische Ozean

Oceà Antàrtic

Arktische Ozean

Oceà Àrtic

Nordpol

pol nord

Südpol

pol sud

Antarktis

Antàrtida

Erde

terra

Land

país

Meer

mar

Insel

illa

Nation

nació

Staat

estat

Ziffernblatt

quadrant

Stundenzeiger

agulla de les hores

Minutenzeiger

agulla dels minuts

Sekundenzeiger

agulla dels segons

Wie spät ist es?

Quina hora és?

Tag

dia

Zeit

temps

jetzt

ara

Digitaluhr

rellotge digital

Minute

minut

Stunde

hora

Woche

setmana

Montag
dilluns

Dienstag
dimarts

Mittwoch
dimecres

Donnerstag
dijous

Freitag
divendres

Samstag
dissabte

Sonntag
diumenge

gestern

ahir

heute

avui

morgen

demà

Morgen

matí

Mittag

migdia

Abend

tarda

Arbeitstage

dia feiner

Wochenende

cap de setmana

Regen
pluja

Regenbogen
arc de Sant Martí

Wind
vent

Schnee
neu

Frühling
primavera

Herbst
tardor

Sommer
estiu

Winter
hivern

Wettervorhersage

pronòstic del temps

Thermometer

termòmetre

Sonnenschein

llum del sol

Wolke

núvol

Nebel

boira

Luftfeuchtigkeit

humiditat de l'aire

Blitz

llamp

Donner

tro

Sturm

tempesta

Hagel

calamarsa

Monsun

monsó

Flut

inundació

Eis

gel

Jänner

gener

Februar

febrer

März

març

April

abril

Mai

maig

Juni

juny

Juli

juliol

August

agost

September
....
setembre

Oktober
....
octubre

November
....
novembre

Dezember
....
desembre

Formen
formes

Kreis
....
cercle

Quadrat
....
quadrat

Rechteck
....
rectangle

Dreieck
....
triangle

Kugel
....
esfera

Würfel
....
cub

weiß

blanc

gelb

groc

orange

taronja

pink

rosa

rot

vermell

lila

lila

blau

blau

grün

verd

braun

marró

grau

gris

schwarz

negre

viel / wenig

molt / poc

wütend / friedlich

emprenyat / tranquil

hübsch / hässlich

bonic / lleig

Anfang / Ende

començament / fi

groß / klein

gran / petit

hell / dunkel

clar / fosc

Bruder / Schwester

germà / germana

sauber / schmutzig

net / brut

vollständig / unvollständig

complet / incomplet

Tag / Nacht

dia / nit

tot / lebendig

mort / viu

breit / schmal

ample / estret

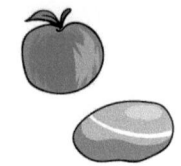

genießbar / ungenießbar

comestible / immenjable

böse / freundlich

dolent / amable

aufgeregt / gelangweilt

entusiasmat / entediat

dick / dünn

gros / prim

zuerst / zuletzt

primer / darrer

Freund / Feind

amic / enemic

voll / leer

ple / buit

hart / weich

dur / tou

schwer / leicht

pesant / lleuger

Hunger / Durst

gana / set

krank / gesund

malalt / sà

illegal / legal

il·legal / legal

gescheit / dumm

intel·ligent / ximple

links / rechts

esquerra / dreta

nah / fern

prop / llunyà

neu / gebraucht

nou / usat

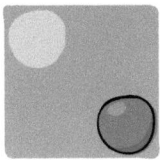

nichts / etwas

res / quelcom

alt / jung

vell / jove

an / aus

encès / apagat

offen / geschlossen

obert / tancat

leise / laut

silenciós / sorollós

reich / arm

ric / pobre

richtig / falsch

correcte / incorrecte

rau / glatt

aspre / suau

traurig / glücklich

trist / content

kurz / lang

curt / llarg

langsam / schnell

lent / ràpid

nass / trocken

humit / sec - eixut

warm / kühl

calent / fred

Krieg / Frieden

guerra / pau

0

null
zero

1

eins
u

2

zwei
dos

3

drei
tres

4

vier
quatre

5

fünf
cinc

6

sechs
sis

7

sieben
set

8

acht
vuit

9

neun
nou

10

zehn
deu

11

elf
onze

12
zwölf

dotze

13
dreizehn

tretze

14
vierzehn

catorze

15
fünfzehn

quinze

16
sechzehn

setze

17
siebzehn

disset

18
achtzehn

divuit

19
neunzehn

dinou

20
zwanzig

vint

100
hundert

cent

1.000
tausend

mil

1.000.000
Million

milió

Englisch

anglès

Amerikanisches Englisch

anglès americà

Chinesisch (Mandarin)

xinès mandarí

Hindi

hindi

Spanisch

espanyol

Französisch

francès

Arabisch

àrab

Russisch

rus

Portugiesisch

portuguès

Bengalisch

bengalí

Deutsch

alemany

Japanisch

japonès

ich
jo

du
tu

er / sie / es
ell / ella / allò

wir
nosaltres

ihr
vosaltres

sie
ells

Wer?
qui?

Was?
què?

Wie?
com?

Wo?
on?

Wann?
quan?

Name
nom

hinter
....
darrere

in
....
en

vor
....
davant de

über
....
damunt

auf
....
sobre

unter
....
sota

neben
....
al costat

zwischen
....
entre

Ort
....
lloc